SOCIÉTÉ

DES

BIBLIOPHILES NORMANDS.

N° 57.

—

MINISTÈRE DE L'INSTRUCTION PUBLIQUE.

TRAGÉDIE DE THOMAS LE COQ.
L'ODIEUX ET SANGLANT MEURTRE
COMMIS PAR LE MAUDIT CAIN
REPRODUCTION DE L'ÉDITION DE 1580

PRÉCÉDÉE D'UNE INTRODUCTION

PAR

PROSPER BLANCHEMAIN

ROUEN
IMPRIMERIE DE HENRY BOISSEL
—
M.DCCC.LXXIX.

INTRODUCTION.

Nous lisons dans la *Bibliothèque Françoise de la Croix du Maine* (Paris, 1762, in-4°, t. II, p. 433) : « Thomas Le Coq, « Normand, Prieur-Curé de la Sainte Trinité de Falaise, et de « Nostre Dame de Guibray en Normandie, etc., a écrit en vers « François une Tragédie morale, représentant l'odieux et san- « glant meurtre commis par Caïn à la rencontre de son frère « Abel, extraite du 4° chapitre de la Genèse, imprimée l'an 1580, « chez Bonfons. »

Le *Moreri des Normands* (t. II) fait connaître que Thomas Le Coq mourut en ladite année 1580 ; l'*Athenæ Normannorum* traduit *la Croix du Maine;* Beauchamps, dans ses *Recherches sur les Théâtres de France* (Paris, Prault père, 1735, in-4°, p. 51), ajoute à ces indications les noms des personnages ; La Vallière copie aussi *la Croix du Maine* et donne sur le *Caïn* un jugement dont nous reparlerons.

De minutieuses recherches, faites par mon savant ami Armand Gasté, professeur à l'Université de Caen, dans la bibliothèque de cette ville et dans les Archives du Calvados, (qui d'ailleurs ne fournissent sur la Trinité de Falaise et sur Guibray aucun renseignement remontant à 1580,) n'ont malheureusement pas produit le résultat qu'elles auraient mérité.

Tout ce qu'on sait du Prieur-Curé se réduit en définitive à ceci : — Il était Normand, il mourut en 1580, et les vers de sa tragédie annoncent une assez grande habitude du rythme, pour faire supposer qu'il a écrit d'autres poésies. MM. Darmsteter et Hatzfeld, dans leur excellent livre (*Le XVIe siècle en France*, Paris, Delagrave, 1878, in-18), affirment qu'il aurait laissé plusieurs pièces de théâtre, aujourd'hui probablement perdues.

Il ne nous reste dès lors à nous occuper que de son *Caïn*.

Parmi les auteurs du siècle dernier qui l'ont mentionné, un seul semble l'avoir lu. C'est le duc de La Vallière, qui, dans sa *Bibliothèque du Théâtre François* (Dresde, 1768, in-8°, t. I, p. 240, l'a ainsi apprécié, ou plutôt déprécié :

« Cet ouvrage est très mal écrit et sans aucune sorte d'intérêt.
« Il est absolument dans le goût de ces mystères ou moralités
« que Jodelle avait eu le bonheur et l'habileté de bannir de notre
« Théâtre : et il est très digne de ces temps d'ignorance. Ce bon
« prêtre croyoit peut-être faire une œuvre méritoire, en rappe-
« lant sur la scène ce goût barbare. Heureusement sa tragédie
« étoit trop mauvaise pour ne pas au contraire confirmer dans
« le dessein de proscrire à jamais un genre aussi mauvais que
« ridicule. »

Les auteurs qui en ont parlé jusqu'en ces derniers temps, sans prendre la peine d'ouvrir le volume, d'ailleurs des plus rares (1), ont modelé leur jugement sur celui du célèbre amateur.

Cependant, il y a quelques années, un écrivain plus consciencieux et moins superficiel, M. Marius Sepet a voulu connaître par lui-même le Drame tant dénigré du curé normand. Il l'a lu, et, dans un article du Journal le *Polybiblion* (février 1875), a, le premier, signalé sa valeur. — Il a depuis réuni ses études dans un volume intitulé : *le Drame Chrétien au Moyen-Age* (Paris, Didier, 1878, in-18), où nous lisons : « Qu'il y a dans ces
« vers quelque chose de Marot et de La Fontaine et aussi, toutes
« proportions gardées, quelque chose de Corneille et même de
« Milton. »

C'était peut-être aller trop loin et trop haut. Aussi M. Marius Sepet est revenu de lui-même à une plus équitable mesure, en terminant son livre par les lignes suivantes, après avoir rapporté le Prologue et la scène dernière du Drame de Le Coq :

« Assurément je ne prétends pas donner *l'Odieux et sanglant*
« *meurtre commis par le maudit Caïn* pour un chef-d'œuvre
« de l'esprit humain. Mais ce que je n'hésite pas à dire, c'est que
« tout au moins, par rapport aux œuvres dramatiques du même

(1) Brunet qui le décrit dans son Manuel, t III, col. 917, où il le juge d'après La Vallière, n'en cite aucune adjudication, et, comme l'exemplaire de la Bibliothèque-Nationale (Y. 5576⁴) semble être le même que celui du duc de La Vallière, c'est probablement le seul qui existe aujourd'hui. La Société des Bibliophiles Normands aura donc fait une œuvre méritoire en donnant son exacte reproduction.

« temps, cette tragédie fait un très grand honneur à Thomas
« Le Coq, et aussi à cette province de Normandie, de tout temps
« féconde en poëtes et qui, au début du siècle suivant, devait
« enfanter Corneille. »

Il serait impossible de prononcer un meilleur jugement et de l'exprimer en de meilleurs termes ; aussi MM. Darmesteter et Hatzfeld, dans leur livre devenu classique et que nous avons déjà mentionné : *Le Seizième Siècle en France*, tableau de la littérature et de la langue, p. 164, et p. 320-327 des *Morceaux choisis* qui l'accompagnent, se sont ralliés à l'opinion de M. Sepet, ont donné de justes éloges à la pièce qu'ils considèrent comme « l'une des meilleures du xvie siècle, » et en ont cité de longs fragments.

M. James de Rothschild, dans son Introduction au *Mistere du Viel Testament*, dont le premier volume a paru récemment à Paris, chez Didot, 1878, in-8° (1), sans être aussi enthousiaste, ne dédaigne toutefois pas l'œuvre de Le Coq ; seulement il s'étonne que M. Sepet ne se soit pas aperçu des emprunts faits par le Curé-Dramaturge à un épisode du *Viel Testament*, dont il avait même copié quelques vers.

---

(1) L'excellente édition du *Mistere du Viel Testament*, que cet érudit et généreux bibliophile vient de publier à ses frais, a été offerte par lui aux membres de la Société des Anciens Textes Français. Nous n'hésiterons pas, pour compléter notre préface, à faire de notables emprunts à la savante Introduction que M. le baron de Rothschild a mise en tête de son livre.

Il y a lieu d'observer, à la décharge de Le Coq, que l'identité du sujet conduisait à d'inévitables ressemblances et que, s'il a réellement imité, il a d'autre part introduit dans sa pièce assez d'éléments nouveaux pour en faire une œuvre presque originale.

En ce qui regarde le style, l'auteur du *Caïn* retarde d'un demi-siècle sur ses contemporains. Au milieu du plus vivant essor de la Pléiade, quand la Renaissance rayonne dans tout l'éclat de sa brillante floraison, il s'en tient encore à l'école de Marot, de Salel, de Sainct-Gelays, pour ne pas dire à celle de Jean Michel, (auteur ou collecteur présumé du *Mistere du Viel Testament*), de Jean Dabundance, des frères Greban et de Gringore.

S'il se rapproche de quelque auteur contemporain, non par les sujets qu'il traite, mais par son parler franchement gaulois, c'est de Passerat, de Rapin et plus encore peut-être de son compatriote Vauquelin de Lafresnaye. — Quant à Ronsard et à ses imitateurs, on dirait qu'ils ne sont pas avenus pour lui. Sa langue simple, sans nulle emphase, plus souvent familière qu'élégante, ne manque pas d'une certaine vigueur d'expression et parfois, entraîné par le sujet, soulevé par l'inspiration biblique, il monte un moment à des hauteurs inattendues.

Nous avons vu plus haut qu'il s'est inspiré moins du chapitre IV de la Genèse que d'un épisode emprunté, de seconde main peut-être, au *Mistere du Viel Testament*. Ce qui le démontre sans conteste, c'est qu'il a tiré de cette immense machine théâtrale le nom de *Calmana*, sœur jumelle et femme de Caïn, ainsi que de la sœur jumelle et femme d'Abel, dont il a, comme dans le *Mistere,* modifié le nom de *Debbora* en celui de *Delbora.* Deux noms et deux personnages inconnus à la Bible et dont M. de Rothschild nous dira ci-après l'origine.

En dépit de ces ressemblances et de beaucoup d'autres encore, le pieux dramaturge a vivifié son œuvre au souffle de son inspiration personnelle. C'est ainsi qu'il y a introduit quatre personnages symboliques d'un grand effet : *Le Diable, Remords de conscience, Péché* et *la Mort.* De plus un sentiment de respectueuse piété lui a fait remplacer la personne de Dieu, par un Ange qui parle au nom du Tout-Puissant.

Dans un seul passage, au moment où Caïn vient de tuer son frère, il a copié presque textuellement quelques vers de son prédécesseur. Afin qu'on puisse apprécier *l'énormité* du forfait et juger en même temps des rapprochements qu'on peut faire entre le fragment du Drame du xvᵉ siècle et la Tragédie du xviᵉ, nous reproduisons, d'après le texte de M. le baron James de Rothschild toute la scène du *Viel Testament* dont Thomas Le Coq a plagié sept ou huit vers :

CAYN.

Or sus, avant ! Je vois executer
Ce que j'ay dit et à la mort bouter
Mon frere Abel ; il est fait de sa vie.
De ce baston le voys persecuter

INTRODUCTION. VII

Par derriere, pour mieulx l'executer,
Car je voys bien qu'il ne me apperçoit mye
Si le Diable me debvoit emporter
Et en Enfer grefvement tormenter,
Si feray je le coup et la follye ;
Dieu ne sçauroit de ce fait m'arrester
Ne le paillard d'entre mes mains oster
Puisque je suis en ceste arragexie.

Il le frappe et le tue.

  Le vella mort ;
  Il en est fait !
  Soit droit ou tort,
  Le vela mort ;
  Point de resort
  N'a en ce fait.
  Le vela mort ;
  Il en est fait.

Toutefois, pour que le meffait
Soit plus tardif à descouvrir,
Le sang de luy je vueil couvrir,
A celle fin qu'on ne le voye,
Se aucun passoit par ceste voye,
Ainsi que le monde chemine.

LA VOIX DU SANG

qui crie à Dieu, et ne la voit on point.

Justice, justice divine,
Venez le sang juste venger,
Que voyez ainsi le danger !
Abel est mort, mys à ruyne.

JUSTICE.

Il est force que je m'encline
A escouter ce messager.

LA VOIX.

Justice, justice divine,
Venez le sang juste venger !

JUSTICE.

Dieu, de toute vertu racine,
Vueilles ce vice corriger ;
Ce sang là n'est point mensonger,
Tu en vois manifeste signe.

LA VOIX.

Justice, justice divine,
Venez le sang juste venger,
Que voyez ainsi le danger !
Abel est mort, mys à ruyne.

DIEU parlant à Cayn.

Cayn, Cayn, pecheur indigne
D'ouyr ma voix, ou est ton frere
Abel ? qu'esse qu'en viens de faire ?
Dy le moy tost, il le faut dire :
Ou est Abel ?

CAYN.

Je ne say, sire.

DIEU.

Haa ! menteur, des pires le pire,
Veulx tu denyer ceste guerre ?
Le sang qui en est sur la terre
A cryé vers moy a puissance,
Demandant contre toy vengeance
D'avoir commis ce fratricide.
Hoo ! traistre mauldit, homicide
A tout jamais mauldit seras
Et sur terre demoureras
A tout jamais vague et fuitif.

Ici le rapprochement s'arrête ; ici doit s'arrêter en même temps la citation.

Elle suffit à démontrer que la parité du sujet a nécessairement entraîné une ressemblance dans la manière de le traiter ; mais en dépit de tout et, malgré le plagiat, Le Coq nous semble supérieur à son modèle. Dans le Rondel qu'il a copié, il a remplacé deux vers faibles par deux vers bien plus significatifs. L'unique appel poussé par le sang d'Abel est autrement saisissant que le long dialogue entre la *Voix du sang* et la *Justice Divine*. La sentence prononcée par l'Ange vaut mieux que le discours prolixe de Dieu. Enfin, dans le *Mistere*, le meurtre n'est ni précédé de la scène entre Caïn, le Diable et le Remords, ni suivi de celle entre Caïn et le Péché où la Mort éternelle, (la damnation) intervenant tout à coup, accable d'horreur et de désespoir le fratricide épouvanté.

Nous avons dit plus haut que notre Dramaturge avait emprunté au *Mistere du Viel Testament* les noms des femmes de Caïn et d'Abel. Le *Mistere*, en cette circonstance, paraît avoir copié le faux Méthodius, dont les prétendues prophéties, au témoignage de M. James de Rothschild, ont elles-mêmes pour origine le *Pirké Eliezer*, le *Midrasch*, le *Talmud* de Jérusalem et le *Talmud* de Babylone. Nous traduisons le passage de Méthodius cité en latin par M. de Rothschild :

« Vous saurez qu'Adam et Eve, au sortir du Paradis, étaient en
« état de virginité. Trois cents ans après leur expulsion de l'Eden,
« ils engendrèrent leur premier né Caïn et sa sœur Calmana;
« au bout de trois cents autres années ils eurent Abel et sa sœur
« Debbora. L'an trois mille de la vie d'Adam, Caïn tua son frère,
« qu'Adam et Eve pleurèrent pendant cent ans. »

D'après le même Méthodius, qui a servi de type à l'auteur du

Mistere, le mariage de Caïn et de Calmana se fit avant la naissance d'Abel. Dans notre drame, les deux mariages, ainsi que le choix de l'état de laboureur par Caïn et de pasteur par Abel, ont lieu en même temps.

Les sacrifices offerts par les deux frères, de même que le meurtre d'Abel, s'accomplissent, dans l'une et l'autre pièce, conformément au texte biblique. Seulement, dans le *Mistere*, Abel meurt sans proférer une parole, tandis que, dans la tragédie, en tombant, il recommande son âme à Dieu. C'est encore un perfectionnement.

J'ai lu quelque part que le sang d'Abel, dans un ancien *Mystère*, était représenté par un personnage caché sous un grand manteau rouge, dont il élargissait les plis, pour représenter les flots du sang répandu par Abel; puis se redressant soudain comme un spectre, il agitait cette pourpre sanglante et disparaissait en criant : Vengeance!... Ce détail s'applique parfaitement à la Tragédie de Thomas Le Coq. Elle aurait donc été représentée, et certes les *Euménides* d'Eschyle ne devaient pas produire plus d'épouvante que cette apparition terrible, rendue plus saisissante encore par sa rapidité.

Il est regrettable qu'aucun autre détail sur cette représentation présumée ne nous ait été conservé. Car ce n'est pas à notre *Caïn*, (la différence des personnages le démontre suffisamment,) mais à un fragment du *Vieil Testament* que doit s'appliquer ce passage du *Journal Historique* de Denis Généroux, notaire à Partenay (1566-1576), publié par M. Ledain (Niort, 1865, in-8°)

« — Le 8 juin 1571, je fis jouer, au carrefour de la Croix du
« Marchioux de Parthenay, la *Tragédie ou Histoire d'Abel, tué*
« *par Caïn, son frère*. Pierre Panthou jouoit *Adam;* Claude
« Moyet, *Eve;* Messire Nicolas du Gué, *Dieu;* Jacques Barenger,
« clergeon, *Misericorde;* et un barbier angevin, *Justice*. »

M. de Rothschild, à qui nous empruntons ces détails, a donné, des pièces ayant pour sujet la mort d'Abel, une nomenclature curieuse, à laquelle nous avons fait deux ou trois additions, et qui doit trouver ici sa place.

En France, il mentionne, outre le *Mistere du Vieil Testament* et la Tragédie de Le Coq, une « Tragédie de la Naissance
« ou Création du Monde, où se voit de belles descriptions des
« animaux, oiseaux, poisssons, fleurs et autres choses rares qui
« virent le jour à la naissance de l'Univers, par le Sr de Ville-
« Toustain. Rouen, A. Cousturier, S. D. (vers 1600), pet. in-8°. »
— Le Sr de Ville-Toustain était Normand, ce qui ne rend pas plus lisibles ses alexandrins, où la Bible et la Mythologie se confondent dans le plus indigeste mélange.

J'y ajouterai *La Mort d'Abel*, tragédie en trois actes de Legouvé, représentée avec un grand succès, en 1793, au Théâtre-Français, et une tragédie non imprimée du Père Duhalde, que signale Beauchamps dans ses Recherches sur les Théâtres de France.

En Italie : Rappresentazione di Abel e di Caino, imprimée à Florence en 1554.

En Espagne : Auto de Abel y Caïn, de Maestro Ferruz, et El justo Abel, mentionné par Lope de Vega.

En Portugal : Historia de Abel é Caïm, que Jean Vaz fit représenter à Evora, pendant une procession du Saint-Sacrement, vers la fin du xvie siècle.

En Angleterre, on trouve la Mort d'Abel dans le Ms. de *Towneley*, dans le *Ludus Corentriæ* et dans les *Chester Plays*. — Les deux premières pièces sont à quatre personnages ; la troisième, qui commence à la Création, comprend un grand nombre d'acteurs. — Lord Byron a écrit un *Caïn*, d'une simplicité antique, mais d'un effet puissant et terrible.

En Allemagne, Arnold Immessen a traité brièvement le même sujet ; Hans Sachs lui a donné le développement d'une tragédie ; Zach. Zahn l'a mis sur la scène en 1590 ; Michel Johansen, en 1652, et Marguerite Klopstock, 1759. Jerome Ziegler, en 1590, l'a traité en vers latins.

Gessner, en 1758, lui a consacré un poème en trois chants.

En Danemark, Hegelund a donné un Drame : Om Abel og Kain.

Déclarons en finissant qu'il nous eût été impossible de fournir, à propos du Drame de Thomas Le Coq, des commentaires aussi complets et aussi intéressants, si nous n'eussions eu pour guide la science de M. de Rothschild. C'est donc à lui que, pour la majeure partie de cette Introduction, tous remerciments sont dus, et non à son simple *phonographe*.

Prosper BLANCHEMAIN.

TRAGEDIE
REPRESENTANT L'O
DIEVX ET SANGLANT MEVRTRE
commis par le maudit Cain, à l'encontre de son frere Abel : extraicte du 4 chap.
de Genese.

A PARIS,
Par Nicolas Bonfons ruë neuue nostre
Dame, à l'enseigne S. Nicolas.

A douze personnages : à sçauoir.

Adam.
Eue.
Cain.
Abel.
Calmana, sœur & femme de Cain.
Delbora, sœur & femme d'Abel.
L'Ange.
Le Diable.
Remors de conscience.
Le sang d'Abel.
Peché.
La mort.

PROLOGVE.

Desir de veoir & entendre merueilles
Fait ouurir l'œil & tendre les oreilles.
L'œil au plaisir s'arreste seulement,
L'aureille veut autre contentement,
Car de flageol du tout ell' ne s'affecte,
Si par raison elle n'est satisfaicte.
Ie dy cecy, Messieurs, pour qu'il me semble
Que vous aurez d'œil & d'aureille ensemble
Contentement : mais qu'en silence deuë
De nostre jeu vous entendez l'issue
Car vous verrez vieilles choses nouuelles :
Pour le vieil temps vieilles je les appelles,
Neufues aussi, pour la mode sauuage
D'accoustremens qui ne sont en usage.
Le pere Adam, Eue nostre grand' mere,
Cain meurtrier, Abel son ieune frere,
Et leurs deux sœurs, & leurs femmes aussi,
Que vous verrez representees icy,
Ne sont vestuz de pompeux ornements,
Riches habits, precieux vestements
De toille d'or, veloux, satin damas
Dont auiourd'huy les riches font amas,
Chaines, carquans, bagues et tels atours

Aij

Pour ce temps-là n'auoient encor' le cours,
Mais seulement prenoient de leurs troupeaux
Quelque cheureaux, dont arrachoient les peaux.
Et s'en vestoient d'une façon estrange,
Voire & n'auoient tels habits à rechange
Pour soy parer par curiosité :
Mais soy couuroient pour la necessité :
L'hyuer de peaux pour garder la froidure,
Et l'Esté chaud de fleurs & de verdure :
Voilà pour l'œil. L'aureille est pour entendre
La voix de Dieu, & briefuement comprendre
Comme Cain premier né, fut premier
Du juste & sainct l'execrable meurtrier,
Pourquoy ce fust, par qui, quelle sentence
Dieu ordonna pour punir son offence,
Voila que c'est que vous escouterez :
Puis en la fin vous en remporterez
Quelque bon goust, quelque douce liqueur.
Car le Seigneur imprime dans le cueur
Des auditeurs de sa saincte parolle
La viue foy qui noz ames console :
Fuyr peché nous faict vertu ensuyure
Pour aprez mort eternellement viure.

Adam commence.

O Dieu regnant au plus haut firmament
Que j'ay d'ennuy, qu'il y a longuement
Las! que ie suis à miseres submis.

Que de douleur, que de peine & torment
Depuis que i'ay par ton commandement
De Paradis terrestre esté desmis
Pour un peche que i'ay vers toy commis
Las! regardez, amis, ie suis hors mis
De tout plaisir, & de grace remis
Et à la mort condamné iustement :
Voyla comment, Seigneur, ta bonté haute
Nous monstre à l'œil que tout peché ou faute
Que le mortel contre elle commettra
Sera puny, voire & n'acceptera
Grands ny petits, ains selon equité
Ceux punira qui l'auront merité :
Et si n'estoit que ta grande clemence
A regardé en pitié ma semence,
Me promettant que d'elle sortiroit
Vn fort vainqueur, qui le chef casseroit
A mon ancien emulateur maudit,
Satisfaisant à mon crime & delict,
Et mettroit fin à la peine requise
Que meritoit mon offense commise,
Pour neant en pleurs mes iours consommerois,
Et ton sainct nom, mon Dieu, i'inuoquerois,
Aussi du tout desesperant de moy,
Ie n'attens point mon salut que de toy.
Et vous ma femme, & meilleure partie
Prenez confort, & soyez aduertie
Que ce bon Dieu facteur de l'uniuers
Saueur des bons, & iuge des peruers
Nous sauuera car en nostre semence,

Si nous avons en luy noſtre eſperance,
Receuerons ſa benediction,
Voicy desja multiplication
De noſtre ſang, en enfans qu'il nous donne.
  Mon fils Cayn ſoyez ſage perſonne,
Abel auſsi, filles en chacun lieu
Aimez, ſeruez, honorez ce grand Dieu,
De croire ailleurs ia ne vous prenne envie,
Iettez en luy l'ancre de voſtre vie :
Car il eſt ſeul aſſez puiſſant & fort
Pour vous paſſer & conduire à bon port.
          Eue.
Amy feal, ie n'ai ſolicitude
Qu'à me reduire en humble ſeruitude
Vers le Seigneur, ma ſeule volonté
Eſt d'eſperer en ſa ſaincte bonté,
Et d'enſeigner toute noſtre famille
Se rendre à lui pareillement ſeruille.
Voyla mon but.
          Adam.
Vous eſtes ſage,
En la ſueur de mon viſage,
Cependant, il faut que labeure,
Ou qu'enrage de faim ie meure :
Car ainſi Dieu l'a decreté :
Parquoy il eſt neceſſité,
Mes enfants, que vous aduiſez,
Et chacun de vous eſliſez
L'eſtat qu'il luy ſera duyſible,
Autrement ne ſeroit poſſible

De viure oyseux.
Cain.
Monsieur & pere,
C'est bien raison que i'obtempere
A vostre bon commandement :
Mais c'est à moy premierement,
Deuant Abel, choysir & prendre
L'estat que voudray entreprendre;
Puis apres moy il choysira
Cela que bon luy semblera,
Le choix m'appartient par droicture,
Car i'ay la primogeniture.
Abel.
Vous dictes vray, Cain mon frere,
Pas ne veux aller au contraire.
Vostre bon sens & premier aage
Vous donne sur moy l'aduantage,
Choisissez donques s'il vous plaist,
Croyez que pas ne me desplaist
Vostre dignité primitiue.
Cain.
Or puis qu'il conuient que je viue
De labeur, & manufacture,
Ie prends l'estat d'agriculture,
Et veux choisir le labourage,
Abel.
Et moy apres le pasturage :
Il me faut aux champs heberger
Pour devenir simple berger,
De mon trouppeau estre ialoux,

Le garder des rauiſſants loups,
L'engraiſſer, nourrir à foyſon,
Puis prendre la laine en ſaiſon.
    Adam.
Voyla ſagement diſpoſé
De vos eſtats : mais ſuppoſé,
Que chacun ait charge diuerſe,
Ie veux que l'un l'autre conuerſe,
Pas ne vous conuient diuiſer :
Mais enſemble fraterniſer :
Au ſurplus Dieu a dit, croyſſez,
Et d'enfans la terre empliſſez,
Parquoy pour ſon vueil accomplir,
Et peu à peu la terre emplir
De nos nepueux, & ſucceſſeurs,
Mes deux fils prenez vos deux ſœurs,
Vous pouuez ſans aucun diſſame
Chacun la ſienne auoir pour femme.
    Eue.
Cayn l'aiſné, prendra l'aiſnée,
Et Abel Delbora puiſnée,
Ainſi à ſon reng & degré,
Chacun prendra la ſienne à gré :
Serez-vous bien ainſi?
    Cayn.
Ma mere,
Tout ce qu'il plaira à mon pere,
Et vous auſsi, nous le voudrons.
    Abel.
En rien nous ne contredirons.

Abel.

Ie vous supply' de grace entendre
Vn petit mot qui est notable :
Dieu n'aura iamais aggreable,
Le bien qui est faict à regret,
Ne vous pensez point tant secret,
Qu'il ne cognoisse bien & sçache
Tout ce que vostre estomach cache :
Il veoit les murs iusques au fonds
Il veoit les abysmes profonds :
Rien n'est clos, rien n'est incogneu,
Tout luy est descouuert à nud :
Parquoy offrez luy vostre cueur,
Soyez sur vous mesmes vainqueur !
Et monstrons à Dieu ainsi comme
Le feu nostre offrande consomme,
Ainsi en toute humilité
Bruslons en feu de charité,
Enuers luy, & d'ame, & de corps.
  Cain tire une gerbe d'estrain.
Voicy desia ma disme hors.
Abel.
Ie tiens en mes bras
L'aigneau le plus gras
De tout mon trouppeau,
Ie le brusleray,
Et n'espargneray
La chair ny la peau.
   Il dresse son sacrifice.
Voicy mes apprestes

Qui font defia prefies,
Et du bois exprés :
L'aigneau au milieu :
L'eftrain en fon lieu :
Le feu tout aupres.
   A genoux.
O Dieu debonnaire,
Mon cueur volontaire
Ie te facrifie :
Auecques les biens
Que de toy ie tiens,
Et ma propre vie.
   Il met le feu.
Ce feu eft lumineux & clair,
Et la flamme en va haut en l'air,
Auec odorante fumée :
Dieu vueille que ce facrifice
Luy foit aggreable feruice
Par fa bonté accoutumée.
    Paufe.
  Cain dreffe fon deftrain.
Ie brufle à grand regret ma paille,
Combien que ne foit rien qui vaille,
Mais ie n'ofe faire au contraire :
Pour ce vieil pleureur de mon pere,
Ie voys faire de bonne cendre.
   Il fouffle.
Qu'eft-ce cy le feu n'y veut prendre,
Et fi parbleu i'ay tant foufflé
Que i'ay tout le vifage enflé :

Que malgré bieu du sacrifice,
Et qui m'a mis en cest office
Le feu est mort, voila mon compte,
Quoy Dieu : me veux-tu faire honte :
Veux-tu ma disme desprifer
Pour mon frere fauoriser
Ie te prie apprens moy cecy ?
   Nota, que Cain rabaisse les yeux vers
      terre.   L'ange.
Cain, Cain, Dieu dict ainsi :
Pourquoy t'addresses-tu à moy ?
Suis-ie cause de ton esmoy ?
Pourquoy rabaisses-tu les yeux
Et n'oses regarder les cieux ?
Qui te faict tant rougir la face,
Rider le front, changer de grace,
Si ce n'est le tien peché ord
Qui te iuge digne de mort ?
Si ton frere ie fauorise
Et son sacrifice ie prise
Plus que le tien, ô pauure argille,
Pauure homme faict de terre vile,
Veux-tu contre moy rendre plainte,
Qui escoutera la complainte?
Qui est-ce qui me iugera
Et contre toy condamnera ?
Car ie suis ton Dieu, ton Dieu fort,
Ton seul iuge en dernier ressort :
Ie diray donc ma cause bonne,
Et que ie n'accepte personne

Ains à chascun qui de moy tient,
Ie rends ce qui luy appartient.
Que seruent les raisons friuoles,
Contre moy ? sont vaines parolles :
Croy que mal, pour mal tu auras,
Et bien pour bien receuras,
Voila que le Seigneur le mande.
    Cain.
Si me tient-il rigueur trop grande.
De mon offrande reietter,
Pour celle d'Abel accepter.
Est-ce équité ? Est-il croyable,
Qu'il soit iuste ? Il est le diable,
Il ne faict iustice, ny droict :
Car s'il estoit iuste, il voudroit
M'esleuer en plus grand honneur,
Et biens que mon frere mineur :
Au contraire il me veut demettre,
Et mon puisné faire mon maistre
Or le face, ie l'en despite
Sa faueur & grace ie quite,
I'ay assez de finesse apprise
Pour bien rompre son entreprise,
Ie iure Dieu si de ma main
Ne faits auant qu'il soit demain,
Vn sacrifice sans fumée.
    Abel
Mais ie ne voy point allumée
Vostre disme mon frere cher,
Il faut le feu en approcher,

Pour la brufler.
Cain.
Nenny, attends,
Allons vn peu paffer le temps.
Puis apres ie la brufleray.
Abel.
Allons.
Cayn.
Va, & ie te fuyuray.
Abel.
Allons, Dieu nous vueille conduire.
 Il va apres fon trouppeau.
Cain à part.
Diables d'enfer, venez m'inftruire,
Et monftrer ce que ie doibs faire,
Pour mon entreprife parfaire.
 Soit faict quelque tonnerre.
Le Diable.
Diable ie fuis, tel ie me nomme,
Capital ennemy de l'homme
Diable qui tormente & molefte,
Les feruants de ce Dieu celefte :
Au contraire, Ange gracieux,
Doux & bening, folacieux,
Qui enfeigne, inftruits & confole
Ceux qui viennent à mon efcolle :
Parquoy fi tu veux croire à moy,
Renonçant ton Dieu, & fa loy :
Car tu ne peux feruir à deux :
Tu auras l'euent de tes vœus

            Cain.
*Mon amy, c'eſt toy qu'il me faut :
Car ie ne pretends rien la haut,
Fy de Dieu.*
            Remors de conſcience.
*Pauure vicieux,
N'auras-tu point deuant les yeux
Quelque remors de conſcience ?*
            Cain.
Qui es-tu ?
            Remors.
Mon Dieu patience.
            Cain.
Mais qui es-tu, qui me pourſuis ?
            Remors.
*Remors de conſcience ſuis,
Reuoque ton vœu mon amy,
Et renonce à ceſt ennemy :
Autrement c'eſt faict de ton ame.*
            Le Diable.
*Cain autre Dieu ne reclame,
Que moy ſeul.*
            Cain.
Qu'eſt-ce que ie dis ?
            Remors.
*Tu te bannis de Paradis.
Si tu laiſſes Dieu.*
            Le Diable.
*Chaſſe hors
De conſcience, le remors,*

Il ne parle point à propos :
Ie te feray viure en repos,
Et feul poffeder ce grand monde :
Tu n'auras point qui te feconde
En grandeur, & authorité :
Quand tu auras Dieu irrité,
Que te peut-il finon maudire,
Et de fon haut ciel t'interdire ?
Cela ne te nuyra de rien :
Car cefte terre le vaut bien.
Dont tu feras vray poffeffeur.
    Cain.
Tu dis vray, ce lieu eft plus feur,
Que fon ciel, ou ie ne voy goutte :
Ie mets ma confidence toute
En terre, en mes biens & en toy,
N'efperant qu'en ce que ie voy :
Parquoy, Remors, retirez-vous :
Mais ie vous pry', mon amy doux,
Enfeignez moy que ie doibs faire,
Pour regner.
    Le Diable.
Fais mourir ton frere,
    Cain.
Ie y voys :
Au moins quand mort fera,
Autre que moy ne regnera :
Voicy pour luy bailler fon cas.
   Il prend un bafton.
    Remors.

Cain, las! tu n'occiras pas
Ton sang, Dieu en prendra vengeance
Si tu le fais,
    Le Diable.
Aduance, aduance,
Trouue le quelque part qu'il soit.
    Cain.
Voire mais si Dieu m'apperçoit :
C'est fait de moy.
    Remors.
La peine dure,
Qu'Adam ton pauure pere endure,
Pour punition de son vice :
C'est beau miroir.
    Le Diable.
Fais ton office,
Crains-tu Dieu, que sçauroit-il faire,
Pire qu'il a faict à ton pere !
Il l'a banny d'un heritage :
Croy que s'il eust peu d'auantage,
Qu'il n'eust pas failly.
    Cain.
Ie le pense
    Remors.
Ton frere n'a point faict d'offence
Enuers toy
    Cain.
Non certainement.
    Le Diable.
S'il vit plus gueres longuement,

Car ie croy qu'Abel, nostre frere,
Ne voudroit entreprinse faire,
Pour dominer, il est trop doux :
Pour entreprendre contre vous.
                    Cayn.
Ie n'en sçay rien, les biens peut estre
Le feront du tout descognoistre,
Brief, ie veux que moy, & les miens
Ayons vn point, plus que les siens :
Il me conuient fortifier,
Viles, & tours edifier,
Donions forts, & chasteaux tenants
Pour resister à tous venans :
Allons veoir ou nous bastirons.
                    Calmana.
Ou il vous plaira, nous irons,
Ie vous suiuray,
            Abel auec son troupeau.
Ma mignonne,
Voyez vous point comme Dieu donne,
Escroist à nostre bergerie,
Il ny a pas vne perie
De noz brebis, ny des agneaux,
Des cheurettes, ny des cheureaux,
Le loup ennemy du troupeau,
N'a rauy la chair, ny la peau
Du plus petit de nostre bende :
Car nous auons qui la deffende,
C'est le Seigneur, auquel deuons
De tant de biens que nous auons,

                              B

Dedier noſtre propre vie.
            Delbora.
Iamais ne ſeray aſſouuie
De l'aymer ie le ſeruiray,
Et à ſon nom ie chanteray,
Touſiours reduiſant en memoire
Ses biens pour luy en rendre gloire.
             Abel.
Delbora, ce propos ie loue,
Et de ce faire vous aduoue:
Mais il y a ia longue poſe,
Que ſommes icy, ie ſuppoſe
De l'abſence de vous & de moy,
Mon frere auſſi pareillement,
Il y a bien fort longuement
Que ne l'ay veu, i'ay grand deſir
De le veoir, afin de choiſir
Et prendre à ſon gré du plus beau,
Et du meilleur de mon troupeau,
Laiſſons icy nos moutons paiſtre,
Et voyons ou ils peuuent eſtre.
       Ils ſe retirent.
             Adam.
Ma femme, i'euſſe grand enuye
De cognoiſtre, quelle eſt la vie
De nos enfans, comme ils ſe portent,
Sçauoir ſi l'un l'autre ſupportent,
S'ils ont le ſainct nom precieux,
Du Seigneur Dieu, deuant les yeux,

Ie crains que c'eſt emulateur,
Ce maudit Calumniateur,
Cauſe de mon faſcheux eſmoy,
Ne les deçoiue ainſi que moy :
Parquoy m'amye, pour le mieux
Il nous faut aller parmy eux,
Sçauoir comment ils ſe maintiennent,
Et s'ils ſagement ſe contiennent.
        Eue.
S'ils ſont ingrats de recognoiſtre
Le Seigneur qui les a faiᴅ naiſtre,
Bien toſt feront liez & prins
Du ſerpent qui nous a ſurprins :
Mais voſtre grieſue penitance,
Leur eſt certaine experience
Pour ſe garder.
        Adam.
Onc en ma vie,
De les veoir, n'euz plus grand'enuie.
        Eue. Allons.
        Adam.
Allons, vuidons le lieu,
Et nous recommandons à Dieu.
        Pauſe.
        Adam à ſa femme & enfans.
Eue ma femme & mes enfans auſſi,
Ie vous ſupply entendez à cecy,
Que ma parolle en vain ne volle en l'air :
Car le propos dont ie vous veux parler.
Ce n'eſt point fable, ou broquart m'enſonger.

Et n'a point creu en mon cerueau leger :
Mais en esprit. Dieu m'a voulu predire,
Mot, apres mot, ce que ie veux vous dire,
C'est que luy seul, par lequel nous auons
Le sentiment, mouuement & viuons,
Qui le soleil lumineux faict reluire,
Et diuers fruicts à la terre produire,
Bref, qui a faict, ce qui est faict, de rien,
Pour nous seruir à nostre grand bien,
Ordonne, veut, estroictement commande,
Que d'vn cueur net chacun luy face offrande,
Et de nos fruicts solennels sacrifices
Nous resentans de ses grands benefices :
Le suppliant que de face amyable,
Nostre offre & don, il reçoiue aggreable.
                    Eue.
Amy feal, puisque c'est le vouloir
De nostre Dieu, il faut pour le deuoir
Sacrifier, & volontairement
Executer son sainct commandement :
Mais dictes nous, comment deuant sa face,
Le Seigneur veut que sacrifice on face,
Le ferons nous à part, ou tous ensemble ?
                    Adam.
Cayn qui les gerbes assemble,
La meilleure de dix prendra,
Et d'un cueur ouuert la rendra
Deuant Dieu, par flamme allumée,
Afin que par ceste fumée
Qui montera iusques aux cieux,

Dieu se monstre à nous gracieux,
Pour nous faire misericorde,
Le feras tu pas ?
    Cayn.
 Ie l'accorde.
    Adam.
Abel, à vos troupeaux irez,
Et le meilleur vous occirez
Des aigneaux gras de vostre bande,
Dont vous ferez à Dieu offrande,
Vous le bruslerez notamment,
Suppliant Dieu, treshumblement,
Qu'il prenne à gré tel sacrifice.
    Abel.
Ie ne ferois pas bien l'office
D'un vray enfant enuers son pere,
Et serois digne d'impropere,
Si ne le faisois : ioinct aussi,
Que Dieu mesme ordonne cecy :
Parquoy de bon cueur le feray,
 Et si ie puis i'accompliray
Le vouloir de Dieu, & de vous.
    Cayn à part.
Mais qu'est-cecy, ou sommes nous,
Ie croy que mon pere radotte
Voyez quelle inuention sotte,
Aller brusler des meilleurs bledz,
Qu'à grand sueur i'ay assemblez :
Vrayement cela est bien croyable,
Que le Seigneur ait agreable.

         B iij

Telle follie, & qu'il ordonne
Que ie brusle ce qu'il me donne,
Abus, abus, c'est ce bon homme,
Qui peu à peu meurt & consomme
De vieillesse, & a tant d'ennuis,
Qu'il ne repose iours, ne nuicts,
Qui a songé ce sacrifice :
Face luy mesme cest office
S'il veut : car ie m'asseure bien
Que de moy ie n'en feray rien.
Adam.
Mes enfans, ie vous pry allez,
Et vos sacrifices bruslez :
Donnans à Dieu gloire & louange.
Cayn parlant à son pere.
Cela me semble fort estrange,
Mon pere & croy que le Seigneur
N'entend ny plaisir ny honneur
En cela : ains ie penserois,
Que plustost ie l'offenserois.
Adam.
Mon filz, point ne l'offenserez,
Quand son vouloir accomplirez.
Cayn.
Quel vouloir veut il de la cendre
De bleds ? mais faictes moy entendre
Ie vous pry, pour quel achoison.
Adam.
Tu veux te fonder en raison,
Et que ton vain flageol ait lieu,

Contre le sainct vouloir de Dieu,
Veux tu refformer son decret :
Es tu plus sage ou plus discret.
Pauure ignorant : las! ie voy bien
Que tu n'as esgard qu'à ton bien :
Comment ta peu tant decepuoir
Ceste auarice, qu'on peut veoir
En toy ? As-tu bien le courage
De proferer vn tel langage?
Mon enfant recognois ta faute,
Et inuoque la bonté haute
Du Seigneur : afin que de grace,
De ton peché pardon te face.
           Eue.
Mon fils, croiez à vostre pere
Ie vous pry, vous, & vostre frere,
Faictes cela qu'il vous commande.
           Abel.
Mon frere, c'est offence grande,
D'ainsi nostre pere fascher :
Osez vous bien vous attacher
En propos, à luy seulement,
Pour vn gerbe de froment ?
Ie ne l'eusse iamais cuidé,
Vous estes trop outrecuidé,
Oubliant de qui vous tenez,
Et la loy de Dieu contemnez :
Parquoy pour le mieux il me semble,
Que nous deuons aller ensemble
Sacrifier, pour satisfaire,

                              B iiij

Tant à Dieu, comme à noſtre pere :
Voyez, il ſe faſche, allons vitte.
Cayn.
Va de ton coſté, ie le quitte,
Faits à ton plaiſirs de tes veaux,
Et des ſacrifices nouueaux,
De moy ie ne bruſleray point
Mon bon bled, pour le premier point :
Car Dieu n'a ny eure, ny ſoing,
De ce qui n'eſt point de beſoing :
Mais pour mon pere contenter,
Ie ſuis content de preſenter
Quelque vieil eſtrain fort batu
Ou n'y ait plus que le feſtu : .
Allons donc afin qu'il ſe taiſe.
Abel.
Mon frere, ie ne ſuis point aiſe,
De ce qu'ainſi vous proferez,
Tels propos ſi mal digerez,
Le ſacrifice que ferons,
Et deuant Dieu nous offrirons,
Ne luy pourront ſeruir de riens,
Il n'a que faire de nos biens :
Ce que vous & moy poſſedons
Vient de luy, & rien n'attendons
Que de ſa copieuſe main
  Se faut tenir preſts pour les ſacrifices.
Cayn.
Laiſſe ce ſermon à demain,
Ie ne veux rien de toy apprendre.

Vostre vouloir. Mes sœur aussi,
Vous accorderez tout cecy,
Comme ie croy.
Calmana.
Ie ne voudrois
Et honnestement ne pourrois,
Veu que droit naturel m'incite,
N'enpescher chose tant licite.
Parlant à Cayn.
Parquoy mon frere, & mary cher,
De vous ie me veux approcher
Sans iamais m'en vouloir distraire,
Delbora parlant à Abel.
Et moy de vous, Abel mon frere,
Mon espoux, & mon amy parfaict.
Adam.
Mes enfans, voyla tresbien faict.
Ie vous pry, quoy que chacun face,
Que iour ne nuict heure ne passe
Sans donner louange en tout lieu
Au sainct nom de ce puissant Dieu,
Au surplus l'un l'autre aymerez,
Au labeur vous trauaillerez :
Par ainsi Dieu vous aydera,
Et vostre race augmentera.
Eue.
Mes filles, en vostre mesnage,
Que chacune se monstre sage,
En seruant Dieu deuotement,

Traictez voz maris doucement,
Aymez les quoy que vous facez,
Et vous aurez des biens assez.
                    Adam.
De ce sacrement
Dieu premierement
En fut inuenteur,
Il nous a conioincts
L'un à l'autre ioincts
Comme vray autheur.
                    Eue.
L'homme laissera
Son pere, & ira
Avecques sa femme :
Et la femme aussi
Fera tout ainsi
Sans acquerir blasme.
                    Adam.
Cela nous apprend,
Que qui femme prend
Comme Dieu l'ordonne,
Il la doit aymer,
Priser, estimer
Comme sa personne.
                    Eue.
Car ce sont deux corps
Par unis accords
Ensemble liez,
Si que l'autre est l'un,
Par aucun commun

Ioincts & alliez.
Adam.
Allez donc amys,
Puisqu'il est permis
Et Dieu le commande :
A sa saincte grace
Toute vostre race
Et vous ie commande.
Cayn.
Allons, puis qu'auons le loisir
Quelque bonne terre choisir
Qui soit commode au labourage
I'ay de trauailler bon courage
Combien que ne sois usité :
Mais la seulle necessité
Inuentrice d'arts & sciences,
M'instruira ainsi que ie penses,
Allons, & partons de ce lieu,
A Dieu.
Calmana.
Adieu partons.
Cayn & Calmana, se retirent.
Abel.
A Dieu,
Et nous deux nous yrons aux champs,
Quelque bon herbage cherchans
Pour faire noz ouailles paistre.
Delbora.
Ceste terre est toute champestre,
Il n'y a villes, ne maisons,

N'y temples pour faire oraisons,
On ne voyt ny murs, ny rampars
Iardins, clos priuez ou escarts,
Brief la terre est par tout ouuerte
Voire est couuerte d'herbe verte,
De fueilles d'arbes, & de fleurs
Painctes de diuerses couleurs :
Parquoy amy nos brebiettes
Deviendront grasses & refaictes,
Ayant à souhait la pasture
Cependant que ce beau temps dure.
    Abel.
Et de tant de biens il nous faut,
En rendre graces au treshaut,
Et luy confesser n'auoir rien
Qui ne soit de son propre bien,
Luy suppliant tels que nous sommes
Qu'il nous cognoisse pour ses hommes
Nous nourrisse, deffende, & garde
En sa tresseure sauuegarde :
Allons, car l'heure nous appelle.
    Delbora.
Allons à Dieu.
  Adam & Eue, se retirent seuls.
    Adam.
     O infidelle,
Digne de cinq cents mille morts,
Le friant morceau que i'ay mortz
Me reuient tant souuent au ronge
Qu'ailleurs ie ne pense ne songe.

Eue.

Las ie ne me puis difpenfer.
D'y penfer, voyre & repenfer,
Tant que les iours & longues nuiêts,
Me peuuent apporter d'ennuys
Car ie fuis la caufe premiere,
De ton malheur, à ma prière,
Par vne outrecuydance folle,
Contemnas de Dieu la parolle
Et mengeas le fruiêt deffendu,
Qui nous fera bien cher vendu.

  Adam les mains ioinêtes, & les
    yeux vers les cieux.

Mon Dieu qui m'as à ton image
Faiêt pour le plus parfaiêt ouurage,
Que ce haut ciel ceint & embraffe,
Seray-ie forclos de ta grace
Tant longuement ?
Ie fçay que ie t'ay irrité
En grief tourment ay merité
Certainement :
Mais qu'à faiêt ma pofterité,
Pour languir en perplexité,
A elle forfaiêt ?
Ceux qui font encores à naiftre,
Qui ne peuuent veoir ne cognoiftre,
Ont ils meffaiêt ?

    Les bras croyfez.

Seigneur, au d'efefpoir ie fuis,
Certes plus porter ie ne puis

Si dur tourment.
Tu as formé la terre & l'air,
Le ciel tant lumineux & clair
En vn moment.
Tu as creé tant d'animaux,
Tant sur terre, que sur les eaux,
Tout en est plain.
Tu m'as constitué leur maistre
Et tous les a voulu submettre
Dessous ma main.
Or de tout ce que tu as faict
Tu n'attends euent n'y effect
Si non l'honneur.
Honneur, las! qui te le fera,
Et qui plus te recognoistra
Pour son Seigneur?
   A genoux.
Pour son Seigneur, hélas! que veux-ie dire,
Pardonne moy mon Dieu & me retire
De desespoir, ou mon peché me maine,
Deliure moy Seigneur de ceste peine,
N'est-ce pas toy qui m'as faict & forgé?
Ne m'astu pas sur la terre logé?
Mon but, mon tout, mon Dieu, mon esperance
Si ie ne t'ay porté obeissance,
Ny tel honneur, que ie deuois porter,
Ay-ie pas tort? doy-ie à toy disputer?
Nenny, pour vray, dont pardon te demande.
   Eue.
Amy, nostre offence est trop grande,

Mais peu fert, de tant lamenter
Et sans cesse nous tourmenter :
Il conuient auoir patience,
Nous voyons par experience,
Que Dieu, qui tout veoit, & regarde,
Veut que chacun obserue & garde
Ses dicts, à cela faut penser,
Et garder de plus l'offenser.
    Adam & Eue se retirent.
      Pause.
Cayn estāt en son labourage, plantāt ou greffant.
Ceste terre, ou tant ie trauaille,
Ne me rapporte rien qui vaille ;
Toutesfois, quelque part qu'il vienne,
Il faut que riche ie deuienne,
Ie veux auoir authorité
Sur toute ma posterité,
Et la faire en mon appetit
Obeyr, petit à petit :
Car moy, ie ne souffrirois pas
Qu'homme viuant marchast vn pas,
Deuant moy tousiours veux monter
Et par force les surmonter
Nous auons des enfans icy ?
Mon frere, non, mais i'ay soucy :
Que scay-ie moy, si par traict d'aage,
Il voudroit auoir l'aduantage,
Cela me feroit le cueur fendre.
      Calmana.
Mais si nous pouuions comprendre.

*A baſtir quelque lieu manable,
Il nous feroit fort conuenable,
Nous couchons icy ſur la dure,
Subiects à chaleur & froidure,
A pluyes, à greſles, & au vent,
Au danger des beſtes ſouuent,
Trop plus en ce lieu deſcouuert,
Qu'en autre, bien clos & couuert.*
     Cayn.
*C'eſt treſbien dit, i'ay mes enfans
Fort ingenieux, triomphants,
Qui ſçauront bien cela conſtruire,
Au ſurplus, ie leur vueïl deduyre,
Qu'à eux appartient par droicture,
Le droit de primogeniture;
Ie voy deſia Adam mon pere,
Pareillement Eue ma mere,
Tous pleins d'ans, les pleurs, & ennuys,
Les regrets qu'ils ont iours & nuicts,
Languiſſans en extreme dueil,
Les mettront bien toſt au cercueil:
Quand ils auront la bouche cloſe,
Si mon frere ou l'un des ſiens oſe
Quelque choſe à luy attirer,
Ie le feray bien retirer.
I'auray de tout poceſſion,
Et ſur tous domination:
Voyla que i'ay deliberé.*
     Calmana.
C'eſt mal à vous conſideré:

Il fera le pas deuant toy.
    Cain.
*Remors, ne parlez plus à moy,
Cela me faict croiſtre l'enuie
De luy faire perdre la vie,
Ne me faictes plus long deuis.*
    Abel.
*Mon frere a dueil, ce m'eſt aduis
Pour ce que i'ay blaſmé ſon vice :
Mais Dieu cognoiſt ſi par malice,
Ou ambitieuſe entrepriſe,
I'ay ſon auarice repriſe.*
    Cain.
Voicy mon homme bien appoint.
    Remors.
*Cain tu ne le tueras point,
Si tu me croys.*
    Cain.
*Que veux-ie faire,
Ce que Dieu à faict, le deffaire,
Faut-il que ie ſouille ma main,
Au ſang d'un frere tant humain!*
    Le Diable.
Ouy ſi tu veux tout auoir.
    Cain.
*C'eſt le comble de mon vouloir,
D'auoir par tout commandement.*
    Le Diable.
*Frappe donc, frappe hardiment,
Ne tarde plus.*

                    Cain.
Faire le faut
Puis qu'ainſi eſt. A mort ribault.
        Il le tue.   Abel.
O mon Dieu, mon Dieu qu'eſt-cecy,
Mon Dieu ie te requiers mercy,
Et te recommande mon ame.
                    Cain.
Iamais de vous ie n'auray blaſme,
Le voyla mort,
Il en eſt faiƈt
Soit droit ou tort,
Le voyla mort,
Il ſaigne fort,
Qu'il eſt deffaiƈt,
Le voyla mort
Il en eſt faiƈt
Toutesfois pour que le meſfaiƈt
Soit plus tardif à deſcouurir,
Il me conuient ce ſang couurir
Qu'aucun n'en ayt apperceuance.
              Le ſang d'Abel.
Vengeance, vengeance vengeance.
        Icy faut tirer quelques coups de canõ.
                L'Ange.
Cain, le Seigneur Dieu m'enuoye,
Sçauoir de toy, en quelle voye
Eſt ton frere Abel.
                    Cain.
Qu'il regarde,
Me l'auait-il baillé engarde ?

L'Ange.
Son sang respandu deuant moy
Requiert vengeance contre toy,
Et la terre rend tesmoignage,
De ton ambicieuse rage :
Parquoy Cain, le Seigneur dict
Qu'à iamais tu seras maudit :
Quand la terre laboureras,
Aucun fruict n'en recepuras :
A iamais tu seras fuitif,
Vacabond, errant, & craintif,
N'ayant aucun lieu asseuré.
Cain.
Quoy, Dieu a bien tost mesuré
La peine deue à mon offense,
Qui m'a si tost donné sentence :
Ie sçay que ma faute est trop grande,
Aussi pardon ie n'en demande :
Car iamais pour bien que ie face
Ie ne m'attends de voir sa face :
Mais quoy ? si ie suis estranger,
Et tousiours courant passager,
Le premier qui me trouuera,
Me fera mourir.
L'Ange.
Non fera :
Car Dieu ne veut point que ta vie,
Soit encor esteincte ou rauie,
Et veut en toy faire apparoistre
Vn signe, afin de te cognoistre

*C'est que iamais n'asseureras,
Et tousiours de peur trembleras,
Et cestuy-la qui toccira,
Sept fois plus que toy souffrira :
Voila que Dieu a ordonné.*

   Cain tremblant.
*O pauure malheureux damné
Que ie suis las ! que doy-ie faire :
Me doy-ie moy-mesme deffaire !
Non, encor' quand ie le voudrois,
De mon malheur, ie ne pourrois :
Car Dieu ne le veut pas ainsi
Mais qu'est-ce que ie voy icy,
Qui s'est à mon bras attaché,
Qui es-tu ?*

   Peché.
*Ie suis ton peché,
Ne cognois-tu point ta facture :*

   Cain.
*O detestable creature !
Que dis-tu ? est-il bien possible,
Que mon peché soit si horrible,
Et vilain que tu apparois ?*

   Peché.
*Encore plus, ie ne me pourrois
Figurer si laid en ce lieu,*

   Cain.
Pourquoy me tiens-tu en ce point !

   Peché.
Ie ne t'abandonneray point

Tu és mien : qui peché commet,
De sa liberté se demet,
Pour se rendre à peché seruille,
           Cayn, parlant à la mort.
Et toy, qui és tu ?
           La Mort.
Ie suis fille,
De ton peché, ord & immunde :
C'est moy qu'on dict la mort seconde,
La mort d'enfer, la mort derniere,
Trop pire que n'est la premiere :
Car la premiere à tous commune,
Toutes douleurs finit par vne,
Et n'a que son premier effort :
Mais moy, ie suis l'horrible mort,
Mort execrable, mort cruelle,
Mort qui mille morts renouuelle,
Qui ne donne fin ne repos,
A ceux qui d'asseuré propos
Engendrent peché qui ma faicte,
           Cayn.
O mort trop hideuse, & deffaicte !
Ie te pry, sans plus long seiour,
Aduance moy mon dernier iour.
           La Mort.
Il faut que la mort naturelle,
Te face ce qui est en elle
Auant que ie puisse à iamais
Te seruir de ton dernier mets :
Cela faict, ie t'ay preparé
Vn lieu d'obscurité paré,

C iij

Lieu d'horreur, de crys, d'hurlements,
De souspirs, & gemissements,
Lieu ou les serpens & couleuures,
Rongeront ta langue & tes leures,
Lieu ou peste, charbon, catherre,
Sont plus drus qu'herbe sur la terre,
Lieu plein de souffre, & feu ardant,
Trop plus aspre chaleur rendant
Que cestuy-cy, là brusleras,
Et iamais ne consommeras :
Voila ton lieu determiné,
Et pour tous meurtriers d'estiné,
Pour superbes ambitieux,
Pour chiches auaricieux,
Larrons, paillards, blasphemateurs,
Enfans rebelles, contempteurs,
Des commandemens de leur pere :
Voila leur eternel repaire :
Tous abysmeront là dedans,
Ou n'a que grincement de dents,
Et vn torment qui tousiours dure.
    Cayn.
Horrible mort, mort rigoureuse & dure,
Que ne m'as-tu rauy dans la matrice,
Ou bien auant que teter ma nourrice,
Si tost que fuz en ce monde venu?
Pourquoy m'a on sur le genouil tenu,
Flaté, porté, allaicté de mammelles,
Pour me garder à peines si cruelles?
Qu'est-ce de moy ? O malheureux damné!
Maudite soit l'heure que ie fus né.

Maudite nuict en laquelle il fut sçeu,
Et publié, qu'auois esté conçeu,
Soit la clarté de la Lune obscurcie,
Et du Soleil tenebreuse & noircie,
Maudite terre, & ses verds parements
*Et maudit*z *soyent tous les quatre elements*
Ma mere soit, & mon pere maudit,
Le haut sejour soit à tous interdit,
Ainsi qu'à moy, & mesme passion
Soit de chacun la consolation.

FIN.

EPILOGVE.

Voyla la fin de nostre tragedie,
Ou faut que chacun estudie,
Soigneusement, qui voudra sans reproche
Estre nommé de Dieu, & de son proche :
  Car on verra comme en vn miroir ample
En cest Abel, le fructueux exemple
De viue foy, lequel a recognu,
Que le Seigneur l'a tousiours preuenu
De sa bonté, voire des la matrice,
Puis la gardé au sein de sa nourrice,
Faict cheminer, parler, manger, & boire,
Donné le sens iugement & memoire,
  Il estoit doux, bening, obsequieux,
Rien n'aspirant que la faueur des cieux,
Offroit à Dieu, d'un cueur tant volontaire
Ce qu'il tenoit de luy, seruoit son père,
Sa mere aussi, & d'un amour extreme,
Freres, & sœurs aymoit comme soy mesme :
Qui faict ainsi, n'est point de faux aloy
Car il obserue entierement la Loy.
  Qui suit Cain, il faict tout au rebours,
Le malheureux n'a eu iamais recours

Vers le Seigneur, de tout ce qu'il tenoit,
A foy tout feul, la gloire en retenoit.
Il murmuroit en fes afflictions,
Sans requerir fin de fes paffions,
Oubliant Dieu : Or eft cefte ignorance
Et troublement, le Tentateur s'aduance
De l'approcher, il le fuit pas à pas,
Et le nourrit de venimeux appafts,
Couuers de miel, en fes fillets le ferre,
Le faict courber, ficher les yeux en terre :
Mettre fon cueur du tout à l'auarice
Elle conceue engendre vn plus grand vice.
D'ambition il eft enuironné.
 Encore Dieu n'a pas habandonné
Ce defuoyé, car en fa confcience,
Par vn remors defcouure fon offenfe :
Et monftre à l'œil fa ruine prochaine.
 Il n'en faict cas, ains de mortelle hayne
Pourfuit fon frere, ambitieufe enuye
Sommairement, faict qu'il ofte la vie
De l'innocent, qui onc ne luy fift tort.
Peché conçeu il engendre la mort,
A quoy il eft iuftement condamné.
Doncques meffieurs, fi Cain eft damné,
Pour fes meffaicts, il faut que chacun penfe,
Que c'eft pour luy cefte mefme fentence,
Si de Cayn il veut fuiure la trace.
 Leuons à Dieu le cueur, auffi la face,
Car tout eft fien, rendons luy par adueu
Du plus bas col iufque au plus haut cheueu :
Aymons prochains, & les eftrangers mefmes,
Freres & fœurs tout ainfi que nous mefmes,
Ainfi faifant, nous aurons pour partage
Apres la mort le celefte heritage,
Que Dieu vous doint à tous, pour recompenfe,
D'auoir ouy nos ieux en patience.

FIN.

www.ingramcontent.com/pod-product-compliance
Lightning Source LLC
LaVergne TN
LVHW021700080426
835510LV00011B/1509